Stijntje Stoer

Lian de Kat
tekeningen van Sylvia Weve

Weer naar huis

Papa stopt voor het huis van Stijntje.
'We zijn er,' zegt hij.
Hij geeft Stijntje een zoen.
'Kom je snel weer?' vraagt Stijntje.
'Nog een week,' zegt papa.
'Dan haal ik je op.'
'Dat duurt te lang,' zucht Stijntje.

Papa geeft Stijntje nog een zoen.
'Jij bent mijn Stijntje Stoer en Sterk.
Een week hou jij wel vol.
Weet je wat?
Ik bel je nog.'
Stijntje lacht.
Dat is een goed plan.
Ze geeft papa ook een zoen.
Dan rijdt hij weg.
Stijntje wuift hem na.

De zon schijnt.
Het is weer dag.
Stijntje kijkt uit het raam.
Papa woont niet meer thuis.
Soms mist ze hem.
Wat zou hij nu doen?
Is hij al naar zijn werk?
Waarom belt hij niet?
Ze is toch zijn Stijntje Stoer en Sterk?
'Mama,' vraagt Stijntje.
'Vind jij mij sterk?'
'Ja hoor,' lacht mama.
'Best.'
Stijntje kijkt haar aan.
Ze meent het niet.
Dat zie je zo.
'Pak je jas maar,' zegt mama.
'We gaan naar school.'

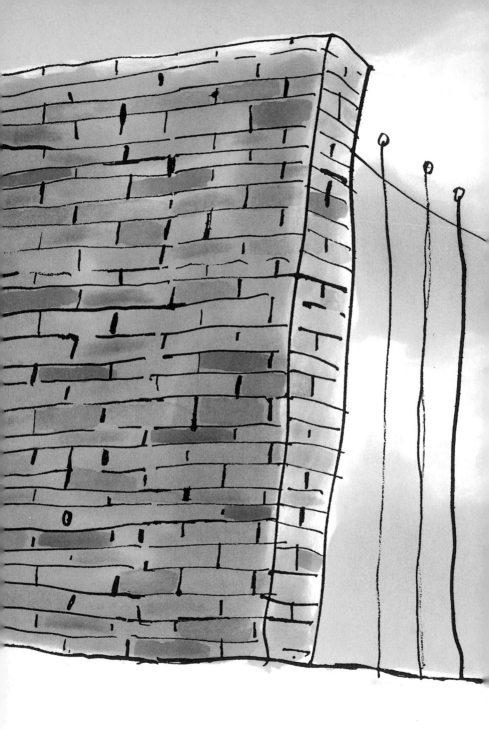

Zo sterk als een beer

Stijntje loopt het schoolplein op.
Tim is er al.
Ze rent naar hem toe.
'Vind jij me sterk?' vraagt Stijntje.
Tim neemt haar van top tot teen op.
Hij knijpt in haar arm.
'Nee,' zegt hij.
'Er zit geen spierbal in.'

Stijntje kijkt niet blij.
'Ik moet sterk zijn,' legt ze uit.
'Dan belt papa mij.'
'Ik help je wel,' zegt Tim.
Hij wijst naar Bob.
Bob is klein en zwaar.
'Til hem maar op.
Als dat lukt, ben je sterk.'

Stijntje pakt Bob vast.
'Bij drie til je hem op,' zegt Tim.
'Een, twee, drie, nu!'
Stijntje puft, hijgt en blaast.
'Het lukt niet.
Het lukt nooit,' piept ze.
'Wel!' roept Bob.
'Het lukt wel.
Ik ga de lucht in!'

'Grrr... Aaah...' roept Stijntje.
Ze tilt Bob op, zo hoog als ze kan.
Haar hoofd is rood.
'Wat ben jij sterk!' roept Tim.
'Je bent zo sterk als een beer!'

Stijntje zet Bob weer neer.
Ze kijkt Tim blij aan.
'Nu belt papa vast wel.'
Tim knijpt in haar arm.
Hij knikt.
'Ik voel al veel meer spier,' zegt hij.

De zon gaat weg.
De maan komt op.
Stijntje ligt in bed.
Waarom belt papa niet?
Ze is zo sterk als een beer.
Wat moet ze nu nog doen?

Ben ik wel stoer?

Stijntje loopt met Tim op het schoolplein.
'Papa belt me niet.
Snap jij dat nou?' vraagt ze aan Tim.
'Nee,' zegt Tim.
'Je bent toch sterk?'
Stijntje knikt.
'Maar ben ik ook stoer?'
Tim neemt haar van top tot teen op.
'Sterk wel,' zegt hij na een tijdje.
'Maar stoer, ik weet het niet.'

'Help!
Help me!'
Stijntje kijkt om.
Het is Bob.
Mats trekt hem aan zijn arm.
Mats zit in groep vijf.
Hij pest Bob heel vaak.
'Laat dat!' roept Stijntje.
'Had je wat?' vraagt Mats.
Hij kijkt Stijntje vals aan.
'Oef,' zucht Stijntje.
'Mats kan ik nooit aan.'
'Ga mee,' zegt Tim zacht.
'Mats is te groot en te vals.'

Pats!
Mats geeft Bob een klap.
'Rotjoch,' gilt Stijntje.
'Kun je wel!'
Oef, wat is ze kwaad.
Ze pakt Mats vast en tilt hem op.
'Grr... Aaah...!' roept ze.
Ze puft, hijgt en blaast.
Dan smijt ze Mats weg.

Hij zoeft door de lucht.
Hij landt in een bosje.
'Au!' huilt hij.
'Goed zo,' juicht Bob.
Stijntje kijkt hem aan.
'Van Mats heb jij geen last meer.
Daar kun je van op aan.'
'Wat ben jij stoer,' zegt Bob.
'Ik wou dat ik zo was!'
'Ja,' zegt Tim.
'Je bent echt stoer.'
'Papa belt nu vast wel op,' zegt Stijntje.

Stijntje wacht.
Dag na dag.
Maar papa belt niet op.

Dan bel ik zelf

Stijntje zit in de klas.
Ze kijkt voor zich uit.
Waarom belt papa niet?
Geen kind is zo stoer en sterk als zij.
'Stijntje?' zegt juf.
Ze wijst naar het bord.
'Wat staat daar?
Hak en plak jij dat woord eens?'

Stijntje hoort haar niet.
Juf gaat naar haar toe.
'Wat is er met jou aan de hand?'
'Ik snap het niet,' zegt Stijntje.
'Wat snap je niet?' vraagt juf.
'Dit woord ken je toch al?'
'O, dat woord,' zegt Stijntje.
'Dat snap ik wel.
Maar ik snap papa niet.

Ik til Bob op.
Dat is toch sterk?'
'Ja,' zegt juf.
'Mats pest Bob niet meer.
Dat komt door mij.
Want ik kan Mats aan.
Dat is toch stoer?'
'Ja,' zegt juf.
'Waarom belt papa dan niet?' roept Stijntje.
'Papa noemt mij Stijntje Stoer en Sterk.
Hij zegt dat hij me belt.
Maar hij belt me nooit.'
'Waarom bel jij hem niet op?' vraagt juf.
Stijntje kijkt haar aan.
'Dat is een goed plan.
Mag het nu?'
'Ja,' zegt juf.

Stijntje belt papa op.
Hij is er niet.
'Wat nu?' vraagt Stijntje.
'Na school gaan we naar hem too.
Ik, jij en de klas,' zegt juf.
'Hij zit toch in de bouw?'
Stijntje knikt.
'Zijn werk is hier vlakbij,' zegt ze.

18

Stijntje Snel?

Daar gaan ze.
Stijntje, juf en de klas.
Ze gaan naar het werk van papa.
De baas van papa staat voor een huis.
Het dak is nog niet af.
'Is papa er?' vraagt Stijntje aan de baas.
De baas knikt.
'Daar is papa,' wijst hij.
'Hij belt.'

Stijntje gaat naar papa toe.
Hij legt net de hoorn neer.
'Stijntje, wat doe jij hier?' roept hij.
'Waarom bel je niet?' vraagt Stijntje boos.
'Ik bel je net,' zegt papa.
'Maar je bent niet thuis!'
'Nee,' briest Stijntje.
'Ik ben niet thuis.
Ik ben hier.
Want jij belt maar niet!
Dat zou je toch doen?'

Papa knikt.

'Dat is ook zo,' zegt hij.

'Weet je wat?

Ik bel je nog een keer.

Om vijf uur.

Ben je dan thuis?'

'Hoe laat is het nu?' vraagt Stijntje.

'Vijf voor vijf,' zegt juf.

'Vijf voor vijf,' roept Stijntje uit.

'Dat haal ik nooit.'

Papa tilt haar op.

'Jij haalt dat wel.

Jij bent toch mijn Stijntje Snel?'

Papa geeft haar een zoen.

En hij zet haar weer neer.

Stijntje kijkt Tim aan.

'Vind jij me snel?' vraagt ze.

Tim zucht.

'Nu dat weer,' zegt hij.

'Jij bent toch Stijntje Stoer en Sterk?'

'En Snel,' vult Stijntje aan.

'Help je me?' vraagt ze lief.

'Het is vier voor vijf,' zegt juf.

Tim pakt Stijntjes hand.

Hij trekt haar mee.

'Ik help je wel,' zegt hij.

Stijntje hijgt, puft en blaast.

Ze rent zo snel als ze kan.
'Het is twee voor vijf,' roept Tim.
Ze zijn nu bij de hoek.
Stijntje kreunt, Stijntje steunt.
Maar ze rent wel door.
Daar is haar deur al.
RING, RING!
'Een voor vijf,' roept Tim.
Stijntje vliegt het huis in.
RING, RING!
Ze rukt de hoorn van de haak.
'Hoi, met mij!' roept ze blij.

'Hoi, met papa.'

Spetter

Serie 1, na 4 maanden leesonderwijs, sluit aan bij *Veilig leren lezen* kern 7.
Serie 2, na 5 maanden leesonderwijs, sluit aan bij *Veilig leren lezen* kern 8.
Serie 3, na 6 maanden leesonderwijs, sluit aan bij *Veilig leren lezen* kern 9.
Serie 4, na 7 maanden leesonderwijs, sluit aan bij *Veilig leren lezen* kern 10.
Serie 5, na 8 maanden leesonderwijs, sluit aan bij *Veilig leren lezen* kern 11.
Serie 6, na 9 maanden leesonderwijs, sluit aan bij *Veilig leren lezen* kern 12.

In Spetter serie 1 zijn verschenen:

Lieneke Dijkzeul: naar zee, naar zee!
Bies van Ede: net niet nat
Vivian den Hollander: die zit!
Rindert Kromhout: een dief in huis
Elle van Lieshout en Erik van Os: dag schat
Koos Meinderts: man lief en heer loos
Anke de Vries: jaap is een aap
Truus van de Waarsenburg: weer te laat?

In Spetter serie 3 zijn verschenen:

Lieneke Dijkzeul: Je bent een koukleum!
Lian de Kat: Stijntje Stoer
Wouter Klootwijk: Lies op de pont
Rindert Kromhout: Feest!
Ben Kuipers: Wat fijn dat hij er is
Paul van Loon: Ik ben net als jij
Hans Tellin: Mauw mag niet mee
Anke de Vries: Juf is een spook

Spetter is er ook voor kinderen van 7 en 8 jaar.

STICHTING NEDERLANDSE
KINDERJURY
2000

Boeken met dit vignet zijn op niveaubepaling geregistreerd en gecontroleerd door KPC Onderwijs Adviseurs te 's-Hertogenbosch.

7 8 9 / 07 06 05

ISBN 90.276.4219.2 • NUGI **260**/220

Vormgeving: Rob Galema (studio Zwijsen)
Logo Spetter en schutbladen: Joyce van Oorschot

© 1999 Tekst: Lian de Kat
Illustraties: Sylvia Weve
Uitgeverij Zwijsen Algemeen B.V. Tilburg

Voor België:
Uitgeverij Infoboek N.V. Meerhout
D/1999/1919/44